CONGÉ PAT

TESTÉ ET APPROUVÉ

TRISTAN CHAMPION
STÉPHANE TAMAILLON
JACK CHADWICK

CONGÉ PAT

TESTÉ ET APPROUVÉ

marabulles

À tous les pères d'aujourd'hui et de demain.

Vienne, Autriche, quelques années plus tôt... Louise et moi, nous nous sommes rencontrés lors d'un séjour Erasmus. Je sortais d'une licence d'économie. Elle venait de terminer sa licence d'histoire...
CAFÉ SCHÄDVICKER
Je peux me vanter d'avoir dragué une Norvégienne dans la langue de Goethe...
FEN
Nous avons discuté des vies que nous menions, moi à Paris, elle à Oslo...
Je lui ai raconté les musées et les théâtres de Paname...
Elle m'a transporté dans le grand Nord, où un peu d'eau jetée en l'air retombe en une pluie de glace...

Moi, le citadin pur sucre, je m'imaginais déjà en train de pêcher le saumon dans les fjords.
Quand j'ai proposé de régler l'addition, Louise a insisté pour payer son repas…
J'ai vite découvert que partager équitablement était dans sa nature et dans celle de ses concitoyens…
BIP!
BIP!
Quelque temps plus tard, nous nous sommes mariés…
Puis, nous avons eu Émile…
C'est un GARÇON
Dans le même souci d'égalité qui anime Louise, nous avons d'abord vécu cinq années en France…
BOULANGER
TAXI

Il était désormais temps de déménager pour la Norvège…
TAXI
J'ai troqué mon travail de responsable marketing dans une fameuse compagnie de bière pour vendre du café dans une tout aussi célèbre entreprise…
Terminal
2F
TAXI
Louise, son job d'enseignante contractuelle parisienne pour un poste fixe dans un établissement d'Oslo…
Nous envisagions déjà d'avoir un deuxième enfant…
Un nouveau chapitre de ma vie commençait, avec son lot de surprises…

Oslo, Norvège.
Décidément, ce n'est pas la fête nationale. C'est la mienne !
Pas du tout, mais maintenant qu'on vit ici, c'est à ton tour de t'adapter.
En Norvège, on partage tout à égalité entre les hommes et les femmes...
En 1990, la Première ministre Gro Harlem Brundtland a engagé la réforme du congé parental...
Et aujourd'hui, chaque couple peut se répartir dix mois de congé, dont trois sont réservés exclusivement au père.

Ha ! Ha ! Tu vois, c'est trois, pas cinq !
Trois mois, c'est le minimum. Comme pour la mère ! Il en reste quatre à se partager et je préfère qu'on fasse moitié-moitié.
Mais, et mon boulot, tu y as pensé ? Que va dire ma patronne ? Surtout, qu'est-ce que je vais faire, moi, coincé à la maison pendant cinq mois ?
AÏE !
DOINK !
Prendre du temps pour t'occuper de ta fille ?
Tu es injuste. En France, j'ai pris un congé pour Émile…
Pendant seulement 11 jours ! À sa naissance, j'ai dû tout gérer.
Regarde ! Le roi Harald nous salue depuis le balcon de son château.
Tu parles d'un roi, il n'a aucun pouvoir…

[1] Équivalent norvégien du MEDEF.

Tu sais, certaines églises organisent des après-midi chorale avec bébé pour les papas en congé parental...
Ça pourrait être l'occasion de trouver ta «voix».

Pourquoi est-ce que j'ai la fâcheuse impression de me jeter dans la gueule du loup ?
Je ne vois pas de quoi tu parles...
On va seulement rendre visite à mes parents.
Un véritable traquenard, oui...
Il faut bien leur annoncer ma grossesse.
BB 35540
Bien sûr, mais tu connais ton père...
Tor adore se moquer de nos différences culturelles.
Ce n'est pas méchant.
Je sais, mais...

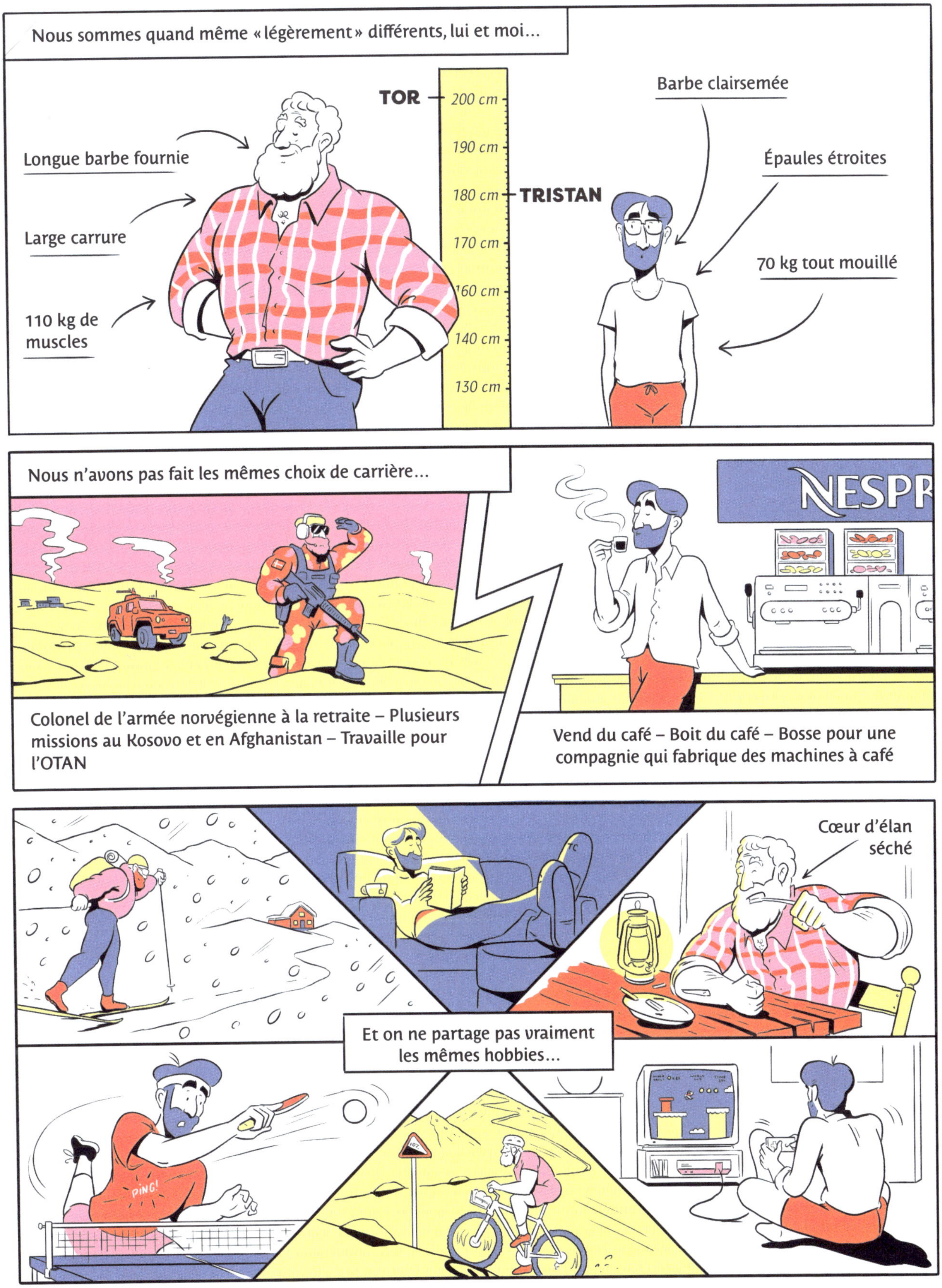

Nous sommes quand même « légèrement » différents, lui et moi...
TOR
200 cm
190 cm
180 cm
TRISTAN
170 cm
160 cm
140 cm
130 cm
Longue barbe fournie
Large carrure
110 kg de muscles
Barbe clairsemée
Épaules étroites
70 kg tout mouillé
Nous n'avons pas fait les mêmes choix de carrière...
Colonel de l'armée norvégienne à la retraite – Plusieurs missions au Kosovo et en Afghanistan – Travaille pour l'OTAN
NESPR
Vend du café – Boit du café – Bosse pour une compagnie qui fabrique des machines à café
Cœur d'élan séché
Et on ne partage pas vraiment les mêmes hobbies...
PING!

[2] Ville norvégienne située au nord du cercle arctique. [3] Santé !

Vous savez comment vous allez partager les dix mois ?
Tor ! Ce ne sont pas tes affaires, voyons.
C'est en discussion, mais on va faire moitié-moitié.
Ce n'est pas vraiment en discussion si tu as déjà décidé…
Je ne vois pas ce qui t'embête, Tristan. Tu avais pourtant pris un congé paternité pour Émile.
? ?
Tu sais, en Norvège, on partage tout.
En France, c'est seulement onze jours. Là, on parle de cinq mois !
C'est facile de me sermonner, mais toi, monsieur le Colonel, tu les as pris tes congés ?
Quand j'étais jeune, ça n'existait pas encore. Pour nos deux premières filles, c'est Bodil qui a tout géré…
Mais, laisse-moi te raconter une histoire…

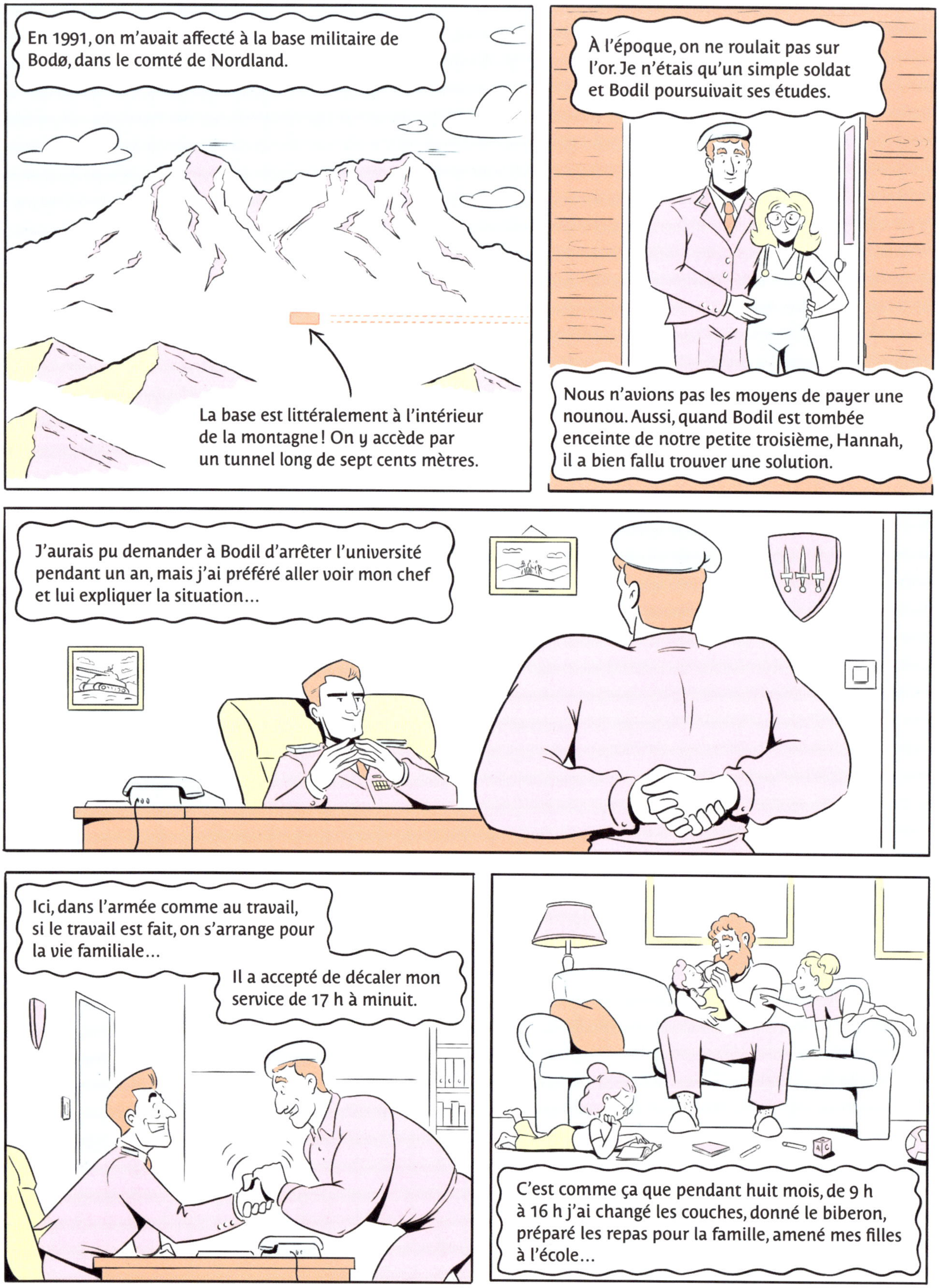
En 1991, on m'avait affecté à la base militaire de Bodø, dans le comté de Nordland.
La base est littéralement à l'intérieur de la montagne ! On y accède par un tunnel long de sept cents mètres.
À l'époque, on ne roulait pas sur l'or. Je n'étais qu'un simple soldat et Bodil poursuivait ses études.
Nous n'avions pas les moyens de payer une nounou. Aussi, quand Bodil est tombée enceinte de notre petite troisième, Hannah, il a bien fallu trouver une solution.
J'aurais pu demander à Bodil d'arrêter l'université pendant un an, mais j'ai préféré aller voir mon chef et lui expliquer la situation…
Ici, dans l'armée comme au travail, si le travail est fait, on s'arrange pour la vie familiale…
Il a accepté de décaler mon service de 17 h à minuit.
C'est comme ça que pendant huit mois, de 9 h à 16 h j'ai changé les couches, donné le biberon, préparé les repas pour la famille, amené mes filles à l'école…

[4] « Libérez les hommes ». Un mouvement qui souhaitait changer les stéréotypes de la masculinité hétérosexuelle.

Le problème, c'est que beaucoup d'hommes étaient réticents, alors…
Attends, je vais lui montrer !
Tu vois, ici, c'est Lennart « Hoa Hoa » Dahlgren, un champion d'haltérophilie très populaire en Scandinavie.
PAF !
CONGÉ PATERNITÉ !
En 1978, il a participé à la première publicité au monde destinée à promouvoir le congé paternité.
Si un homme comme lui peut s'occuper d'un bébé…
CONGÉ PATERNITÉ ?
Pourquoi pas toi ?

Si notre fille naît en novembre, la première partie du congé parental me conduirait jusqu'à fin avril...
Torvbakkgata
Ce qui te laisserait la période de mai à octobre pour t'occuper d'elle...
PHEW!
Qu'est-ce que tu en dis ?
Que je suis en retard ...
Preben et Marvin m'attendent au Craft beer pour boire un verre.

CRAFT BEER

BD57
Ah, Tristan, te voilà enfin…
T'en fais une tête !
C'est cette histoire de congé parental…
D'un côté, je trouve ça super de pouvoir passer du temps avec ma fille, mais les bébés sont un peu ennuyeux, non ? Ils dorment sans arrêt…

Perso, j'ai adoré m'occuper d'Hector. On a bâti une vraie complicité.
C'est un privilège de pouvoir passer du temps avec ses enfants. Pourquoi ne pas en profiter ?
Tu as raison, mais j'ai l'impression qu'on veut me transformer en « monsieur Couche »...
Des potes m'ont déjà dit la même chose...
C'était peut-être vrai il y a dix ans, mais maintenant c'est complètement entré dans les mœurs. Ça fait partie de la vie de papa, ici.
C'est presque une mode...
Papa poussette, papa vedette !
Vous n'allez pas me faire croire que tous les pères prennent leur congé paternité ?
Mais si !
18:23
Tiens, regarde...

En à peine 5 ans, le nombre d'hommes norvégiens ayant choisi un congé parental d'au moins 3 mois est passé de 60 à 70 %.
Et, comme Marvin, 10 % prennent même une période plus longue que leur femme.
70%
60%
2019
2020
2021
2022
2023
Seuls 30 % des pères ne prennent pas de congé. 40 % s'engagent sur 3 mois, et 30 % au-delà de 4 mois !
30%
30%
40%
Pas de congé
3 mois de congé
Au-delà de 4 mois
Alors, Tristan ?
Qu'est-ce que tu vas faire, mec ?
Je… Je vais aller me chercher une autre bière.

Ce sera quoi ?
Heu...
LOKI 8€
THOR 7€
ODIN 8€
Refuse le congé ! 30 % n'en veulent pas ! Pourquoi se la jouer politiquement correct ?
Loki a raison ! Fais preuve d'autorité ! Tape du poing sur la table ! Au pire, accepte deux mois et demi, mais pas un jour de plus.
Ou alors...
Je vais prendre une « Odin » !
Dieu des dieux... Papa de tous les êtres...

Heu, excusez-moi...
C'est bien ici le jardin d'enfants ?
Tu es au bon endroit. Salut, moi c'est Amel.
Lui, c'est Émile. C'est son premier jour.
C'est lequel le tien ?

Tous ceux-là ! Ils ont de 1 à 6 ans. Les tranches d'âge sont mélangées pour stimuler les petits et responsabiliser les plus grands.
Ah, pardon, je croyais que…
J'étais un des papas ? Ça arrive souvent. En fait, nous sommes cinq hommes à travailler ici.
Vegard, le chef d'équipe, Francesco, Bobby, Jonas et moi…
C'est assez inhabituel, non ?
Pas tant que ça. On encourage les responsables de crèche à recruter des hommes.
En fait, le gouvernement pense même à instaurer des quotas. Pour créer davantage de parité, tu comprends.
PAF!
C'est vraiment votre truc, ça, en Norvège, de pousser les hommes à s'investir dans l'éducation des enfants.

Je trouve ça très bien…
J'ai grandi en Bosnie. Là-bas, il n'y avait pas de jardin d'enfants. Ce sont mes grands-tantes qui s'occupaient de moi.
C'était très monotone. Ça m'a donné envie d'offrir aux gamins une enfance joyeuse, riche en expériences variées !
C'est aussi ce que je veux pour mon futur enfant.
Tu vas être papa, Amel ?
Oui, je vais bientôt m'absenter quatre mois. Le temps de mon congé parental.
Moi, j'en prends cinq ! Émile va avoir une petite sœur.
Bravo ! Tu vois, les hommes aussi sont l'avenir de l'homme.
Ainsi soit-il…
« Amel. »

Allez ! Un peu de nerf !
On ne va quand même pas se laisser battre aussi facilement !
C'est qu'ils sont coriaces ces ingénieurs pétroliers !
Il ne faut pas abuser. Ils ont au moins 45 ans, si ce n'est pas plus…
Oui, mais sans Martin ou Peter en attaque…
Congé paternité ?
C'est ça.
Ils ne seront pas de retour avant au moins deux mois.
Tu n'es pas supposé garder les buts, toi ?!
J'en ai un peu marre d'être dans les cages. Tu ne veux pas me remplacer ?
PAF !

Heureusement qu'on a recruté Tonje.
Si elle n'était pas là, on ne marquerait jamais.
C'est vrai qu'elle est forte...
Elle me fait penser à Ada Hegerberg...
La joueuse pro qui a obtenu le premier Ballon d'Or féminin ?
WOOOOP!
Oui. Louise m'a raconté qu'elle a refusé de jouer en équipe nationale pour protester contre la différence de rémunération entre hommes et femmes dans le football.

PAFFF!
Elle a fini par obtenir gain de cause...
Ce n'est que justice, quand tu vois le faible niveau des gars norvégiens dans ce sport.
Mohamed, tu as déjà pris un congé parental ?
Pour le premier, ma femme était encore étudiante. Pour que j'en bénéficie, il aurait fallu qu'elle ait travaillé au moins six mois.
Mais la loi a changé depuis. J'en prendrai un pour le deuxième.
Victoire !
Vous avez vu ce but ?

Eh ben, on a vraiment gagné de justesse.
Vrrrrrrr
C'est pas ton téléphone ?
5:34 PM
Inbox (248)
de : SUSAN B. présidente
à : Tous les employés
Objet : Annonce département marketing
Chers tous,
Johanna, notre directrice marketing, quitte l'entreprise à la fin du mois.
Nous allons entamer un processus de recrutement interne pour la remplacer.
Cordialement,
Susan
Johanna s'en va ?
Tu devrais postuler, Tristan.
Ça me tente bien, mais j'ai prévu de prendre cinq mois de congé paternité…
Cinq mois ? Ah ouais, c'est long…
Tu crois que ça peut pénaliser ma candidature ?
C'est la Norvège, pas le pays des Bisounours…
Moi, j'ai pris le minimum…
J'avais trop peur de me retrouver sur le banc des remplaçants.

TOC TOC!
Entrez!
Susan B.
Présidente
Assieds-toi, Tristan!
Merci de me recevoir, Susan.
Je sais que tu comptes sur moi en ce moment, mais voilà... je...
Je vais prendre cinq mois de congé parental.
Pas de problème. Tu vas nous manquer. On va s'efforcer de te trouver un remplaçant.
J'avais trop peur de me retrouver sur le banc des remplaçants.
Et aussi...

Oui ?
Je voudrais candidater pour le poste de Johanna…
Est-ce que mon congé peut poser problème ?
Les congés font partie de la vie en entreprise, pour les femmes comme les hommes. En Norvège, nous basons nos décisions uniquement sur les compétences.
Si j'estime que tu fais l'affaire, je t'inviterai à une série d'entretiens.
Merci.
Ça ne s'est pas si mal passé, en fin de compte !
Susan B.
Présidente

DRING DRING!
Susan B.
Allô ?
Tristan ? C'est Susan.
Je suis désolée, tu n'as pas eu le poste. Il te manque encore un peu d'expérience…
Ah…
Mais j'ai une bonne nouvelle…
Alors ?
Elle m'a nommé directeur par intérim pour les six mois à venir, jusqu'à mon congé. Je suis même chargé de recruter mon remplaçant.
CLICK!
Eh bien, tu vois qu'il est possible de faire carrière en restant un bon père.

Tristan…
zZZ
Tristan !
Mmh… ?
Il faut y aller !
Tu peux appeler ma sœur pour qu'elle vienne garder Émile ?
Frida ou Hannah ?
Hannah, et réserve aussi un taxi.
3
Quel dommage que le bébé arrive en décembre, ça va être plus compliqué pour obtenir une place en crèche…
Ne t'en fais pas, l'État dédommage les parents qui n'en ont pas. Après nos dix mois de congé parental, on pourra utiliser les huit cents euros mensuels pour engager une nounou.

On devrait annuler le taxi. C'est le troisième de libre à passer devant nous.
Pas besoin, le nôtre va bientôt arriver.
TAXI
Pas avant dix minutes…
Nous avons appelé un taxi, nous l'attendons ! On n'improvise pas !
Tu vois, il a fini par arriver.
Si tu accouches à l'intérieur, ne viens pas te plaindre…
À l'hôpital public d'Oslo, s'il vous plaît !
Vous avez une préférence pour l'itinéraire ?
Le plus court !

Tu es sûre que c'est un hôpital et pas un hôtel cinq étoiles ?
Rikshospitalet
Ah oui ! Carrément la suite présidentielle !
Ne me fais pas rire…
Je sais que ce n'était pas prévu, Louise, mais tu veux essayer d'accoucher dans la baignoire ?
Pourquoi pas.
D'accord… Maintenant, elle veut bien improviser…

Voilà, doucement...
C'est bien...
Et la voilà ! Une jolie petite fille !
OUIIIIIN !
Enlève ta chemise, Tristan.
Je dois aller dans le jacuzzi moi aussi ?
Non... Prends ta fille contre toi. Elle doit sentir la chaleur de ton corps.

Celui-là ?
Il devrait faire l'affaire.
Je m'y prends bien ?
Un vrai bûcheron !
C'est sympa d'abattre soi-même son arbre.
Oui, certaines parcelles de la forêt sont réservées à cet usage…
WOOF!
WOOF
Et la ferme voisine nous prête ses chiens de traîneau.

Tu es sûr que tu ne veux pas venir ?
Non, c'est mieux si je reste ici...
Nora dort. Si on l'amène, elle risque de pleurer la moitié de la cérémonie. Et puis, Émile va m'aider à mettre la table...
Pas vrai, Émile ?
Comme tu veux. À tout à l'heure, alors.
Ils vont où ?
Jusqu'à la chapelle protestante du village, pour assister à la messe de Noël.
Avec la gentille dame ?
Tu veux dire la pasteure ? Tu te souviens, c'est elle qui a marié Markus et Halvor.
Les deux monsieurs ?
C'est ça. En Norvège, les hommes qui s'aiment peuvent se marier à l'Église. C'est chouette, non ?

Bravo, les garçons, c'est magnifique !
Et si on passait à table ?
Ça tombe bien, c'est prêt !
??
PINNEKJØTT
Le fameux « bâton-viande ». Des côtes d'agneau (trop) salées et (très) sèches, servies avec des navets (sans sauce !)
RIBBE
Poitrine de porc rissolée, dont le gras croustillant colle aux dents.
LUTEFISK
Morue, qui a mariné pendant des jours dans de l'eau froide, puis macéré dans du sel avant de refaire trempette jusqu'à ressembler à une gelée informe. Au final, un poisson qui sent fort, mais n'a pas de goût…

Et si on ouvrait les cadeaux ?
Ce n'est pas un peu tôt ?
Pas du tout, en France, c'est même la tradition de les déballer avant le dessert.
Ce n'est pas la France, ici, Tristan.
Tu peux bien accorder ça au pauvre expatrié que je suis, Tor. Loin de chez moi… Le soir de Noël…
Dans ce cas, je vais chercher Nora…

Pour quoi faire ? Elle est trop petite encore.
Il y a plein de paquets avec son nom dessus !
On avait pourtant dit que ce n'était pas la peine...
Nora
N'est-ce pas ?
Bah...
On a regroupé cadeaux de Noël et de naissance.

Eh bien, Tristan, tu n'ouvres pas ton cadeau ?
Je ne sais pas pourquoi, mais ça sent le traquenard.
Un « bon pour cinq séances de bébé nageur »...
Alors, prêt pour le grand bain ?
JO NESBØ

On est cerné par les mafias poussettes...
Les quoi ?
Les groupes de naissance. On ne peut plus être tranquille nulle part...
Ils sont partout et ça ne parle que de bébés.
Ah ? Louise en a rejoint un après l'arrivée de Nora...
En parlant de Louise, je vais y aller. Elle doit m'attendre.
À demain ! Et n'oublie pas de bosser ta présentation pour la nouvelle machine à café !
Oui, oui...
Brrr...

Mon amour, je suis rent…
Tiens, c'est cadeau !
SNIF SNIF !
Je te préviens, elle t'en a offert un aussi. Il faudrait la changer…
Et aussi lui donner son bain, et préparer à manger pour Émile…
C'est que j'ai une réunion marketing à préparer, moi…
Tu t'en occuperas après avoir couché les enfants.

Ce soir, je sors prendre un verre avec les copines !
Ah bon ? Tu n'as pas déjà vu ton groupe de naissance aujourd'hui ?
La réunion a été annulée à cause du mauvais temps...
Au cas où tu n'aurais pas remarqué, il gèle à pierre fendre dehors.
J'ai même dû emprunter les crampons d'escalade de mon père pour aller chercher Émile au jardin d'enfants.
Alors, je compte sur toi pour faire la vaisselle, sortir les poubelles, réparer la lumière de la hotte comme tu t'y es engagé il y a six mois, récupérer le tapis d'éveil que tu as prêté au voisin et, tant que tu y es, noter dans ton agenda de te rendre à l'ambassade de France pour enregistrer les papiers d'identité de ta fille...
Bonne soirée !

Papa, tu me lis Fifi Brindacier ?
Pippi
Hein ? Heu… d'accord… Je couche d'abord Nora.
Moi, j'aime bien quand Fifi frappe les méchants !
Elle est drôlement forte cette Fifi, c'est vrai.
Elle ressemble à maman…
Tu trouves ?
Pippi
Oui, comme Fifi, elle n'a pas besoin des garçons pour se débrouiller toute seule.
C'est vrai que maman a du caractère et qu'elle est très indépendante…
Comme toutes les Norvégiennes…
On joue à la Nintendo ?
Pippi

De mon côté, je suis comme ce pauvre Mario…
Je cours, je saute, je rebondis sur ces fichus champignons…
Je tente d'éviter les pièges…
Ce n'est pas la princesse qui a besoin d'être sauvée, mais plutôt moi !
TRISTARIO
X01
SCORE: 000
PUB

Tu m'écoutes quand je te parle ?
Je te rappelle que je reprends le travail demain et que c'est toi qui vas devoir t'occuper de Nora durant les cinq prochains mois.
J'écoute... J'écoute...
Vraiment ? Combien de biberons par jour ?
Heu... Trois ?
C'est ton dernier mot ?

C'est correct.
Voyons si tu as retenu le reste...
Questions pour un (Tristan) Champion
TRISTAN
Nora doit en prendre quatre gouttes le matin...
Je suis... Je suis...
La vitamine B !
D ! La vitamine D !
DING !
Oui, c'est ce que j'ai dit...
Nombre d'heures de sieste ?
Deux à trois !
Quantité de lait en poudre.
DING !
Cent quatre-vingts millilitres !
Quarante-cinq secondes dans le micro-ondes !
Le lait infantile catégorie 2 !
Couches taille 3 !
De la pommade au liniment !
DING !
DING !
DING !
DING !
C'est bon, je crois que tu es prêt...
De toute façon, je te laisserai quelques notes pour t'aider un peu.

N'OUBLIE PAS LE BIBERON DE IOHOO!
N'OUBLIE PAS LE BIBERON DE

Ceci n'est pas une pipe.
Mouais, ceci n'est pas une pipe… ceci n'est pas une pipe…
Ça y ressemble quand même.
Alors que l'appartement, lui…
Il ne ressemble plus à grand-chose.

DING!
LOUISE :
J'arrive dans dix minutes.
À tout de suite !

LOUISE :
J'arrive dans dix minutes. À tout de suite !
TRISTAN :
J'ai préparé un bon repas. Peux-tu passer acheter du pain et une bouteille de vin ?
LOUISE :
Si tu veux, mais je crois que le magasin est fermé.
Essaie quand même !
Aïe aïe aïe !
DING!
LOUISE :
OK.
Là, il y a urgence !
Émile, s'il te plaît, va ramasser le linge qui traîne par terre et fourre-le dans la panière.

Ça tourne !
Maintenant, la vaisselle…
Plus qu'à préparer le repas…
Mmh… Ça sent bon !
Et l'appartement est impeccable…
Tu en doutais ?
Comme dans les tableaux de Klimt, l'important…
C'est de faire illusion.

OUHAAAA
WOUAAHAA
WOUAAAAAAAHAAAAAAAA
DRIIIIIIIING !
OOOUAAAWOUHAAA
Hum ?
Tristan, il y a ta fille qui pleure.
Tu ne veux pas t'en occuper ?
Elle m'a tenu éveillé toute la nuit…
J'aimerais bien, mais
je dois aller travailler.
UAAHAAAAHAA
Papa ? Je ne me sens pas très bien.

Ah oui, d'accord...
OUHAAAA
39°
Je crois que Nora aussi a de la fièvre. Tu t'en charges ?
Tu t'en vas déjà ? Tu ne veux pas rester un peu plus longt...
Désolée, je sais ce que c'est. Je me dépêche de rentrer ce soir.
CLAC !
Bon, j'imagine que c'est juste vous et moi...
Si on prenait le petit-déjeuner ?

Vous n'avez pas faim, c'est ça ?
Je vais vous laisser jouer un peu, vous mangerez plus tard.
BLAM!
OK...
OUHAHAAAAAAAAA
Je sais ce qu'il me reste à faire...

Voyons voir…
Mouche-bébé
«Avant d'utiliser le mouche-bébé, tentez d'abord de faire éternuer le nourrisson en chatouillant le bout de son nez.»
Ça ne doit pas être sorcier…
Mouche-bébé
Je ne sais pas si c'est très…
… efficace…

Maintenant, le suppo.
Qu'a expliqué Louise, déjà ?
Pas dans le sens de « la fusée », l'embout plat d'abord. Ça évite que Nora le rejette sous la poussée.
D'accord…
90°
Et pour toi, une bonne cuillerée de paracétamol.
Yeurk !
Allez, retournez jouer !

PAAAAAAAAA...
... pa
Papa ?
Papa...
Papa !

Jouons plutôt à quelque chose de plus tranquille. Tu connais les échecs, Émile ?
Non...
C'est mon papy qui m'a appris à jouer.
Papy Tor ?
Non, mon grand-père à moi. Il adorait ce jeu et m'a transmis sa passion...
Et maintenant, c'est à moi de t'apprendre.
Tu ne peux pas bouger ton pion, papa. Si tu me manges, je te mange !
Tu comprends vite...
Nora, toi qui es une experte, que dois-je faire ? Bouger mon roi ? Sacrifier mon fou ?
Tu perds ton temps, elle n'est pas aussi forte que moi !

[5] Ancien champion d'échecs qui est demeuré numéro un du classement mondial jusqu'à sa retraite.

Jette un œil. Tu verras, il y a plein d'activités sympas.
Activités avec bébé !
Yoga
Chorale
Balade
C'est vrai, on ne peut pas dire qu'il manque de choix.
Je me demande ce que pensent les autres pères de toute cette effervescence autour du congé paternité…
Il y a peut-être un moyen de le savoir !
TAC ! TAC !
TAC !
Et voilà ! Mon propre blog avec sa section « commentaires ».
Il ne reste plus qu'à choisir un nom…
Choisir le nom de votre blog :
Commentaires

GRAT... GRAT...
GRAT... GRAT...
Mais bien sûr !
PLAF! PLAF!
Je ne sais pas si ça intéressera grand monde...
POP!
POP! POP! POP! POP! POP! POP! POP! POP! POP!
VÉRONIQUE
Bravo !
Continue comme ça !
21:33
KRISTAN
Mais c'est carrément ma vie que tu décris ! Génial !
21:32
MAXENCE
Trop drôle !
21:30
www.barbapapa.blog
Barbe à papa
La paternité en Norvège
Les réactions
Petit apercu en gif animés des réactions que j'ai obtenues quand j'ai annoncé autour de moi le système de congé en Norvège et le fait que j'aurai donc cinq mois pour m'occuper de mon enfant. Des reactions forcément différentes selon à qui on s'adresse.
Ta copine féministe fière de ta décision

Mais où a-t-il bien pu passer ?!
Qu'est-ce que j'ai bien pu faire du sac de Nora ?
Ça ne va pas encore recommencer…
Réfléchis, Tristan ! Réfléchis !
Tu comprends, Nora, après le pull perdu à la piscine municipale, les chaussons égarés dans les jardins d'Oslo, le biberon oublié à l'ambassade de France…
Je n'ai plus droit à l'erreur !
Il n'y a plus qu'une chose à faire…
Gah ?

Mener l'enquête !
D'abord, si tu veux bien, reconstituons l'emploi du temps de ces deux derniers jours…
CARTE - OSLO
La dernière fois que je me rappelle avoir eu le sac en ma possession, c'était hier, en partant de chez Tor, qui m'avait invité à déjeuner.
Ton grand-père t'avait offert des vêtements tricotés par Bodil que nous avions mis dans le sac.
Puis nous avons pris le bus de banlieue 575 pour repartir…
575 Fagerstrand
Avant d'embarquer sur le bateau B10 afin de traverser le fjord…
Pour ensuite emprunter le tramway 13, qui nous a ramenés à la maison.
La grande question, c'est : à quel moment le sac a-t-il disparu ?

Dans le bus, quand Nora n'arrêtait pas de pleurer ?
À bord du bateau, où je me suis assoupi quelques instants ?
Z z z z
Ou bien en discutant avec cette gentille dame dans le tramway ?
Commençons par contacter le port d'Oslo...
Le service des objets perdus ? Oui, détective Champion à l'appareil...
Un sac jaune et blanc c'est ça...
Ah, celui que vous avez trouvé ne contient pas d'affaires de bébé... D'accord, je vois... Merci quand même.
Une fausse piste, dommage. Essayons Tor...
BIP BIP BIP !
Non, désolé, Tristan, il n'est pas ici. Peut-être l'as-tu oublié dans le bus. Je vais appeler la compagnie.

Il ne me reste plus qu'à tenter de contacter les transports publics de la ville.
Mmh... Apparemment, il faut se rendre sur place.
Nationaltheatret stasjon
Et donc, vous me dites que vous n'avez pas trouvé de sac jaune et blanc ?
VOUS ÊTES SÛRE ?!
? ? ?
Tant pis... Désolé pour le dérangement.

BZZZ
???
Oui ?
Tristan, c'est Tor. J'ai ton sac !
C'est bien lui !
Tu l'avais oublié dans le bus de Nessoden.
Ah tiens, Louise... Justement, je...
Comment ça si je n'ai pas oublié quelque chose ? Je ne vois pas de quoi tu parles...
Vraiment ? Alors pourquoi Amel vient-il de me téléphoner pour me demander de récupérer Émile au jardin d'enfants ?
Alors, ce n'est pas si facile de s'occuper d'un bébé, pas vrai ?
Surtout pas un mot à Louise, elle...
DRING! DRING!

Tous ces messages ! C'est incroyable !
Oui, et tu as vu ? Avec Véronique, qui est aussi une expat', on a participé au tour de France de l'égalité.
La leçon norvégienne
Un article a même été publié sur le site du gouvernement...
CLIC !
Pour mieux faire connaître les pratiques norvégiennes sur la question de l'égalité hommes-femmes.
MINISTÈRE CHARGÉ DE L'ÉGALITÉ ENTRE LES FEMMES ET LES HOMMES ET DE LA LUTTE CONTRE LES DISCRIMINATIONS
Égalité femmes-hommes : une leçon norvégienne
Ça serait chouette si ça pouvait faire évoluer les mentalités en France.
Quand on retourne là-bas et que je parle de mon congé paternité, les gens me dévisagent parfois comme si j'étais un extraterrestre.

Pas tous bien sûr...
C'est bénéfique de voir autre chose que le modèle français.
Le système norvégien est vraiment bien pensé. Chaque couple peut faire comme cela l'arrange.
Certains voient ça d'un bon œil...
Cela te fait du bien de t'occuper de Nora et de faire une pause dans ta carrière.
Mais il y a aussi les sceptiques...
Pour moi, le congé maternité est là pour protéger les femmes. Donner les mêmes droits à un homme, qui, lui, n'a pas accouché, ça me gêne un peu.
Ceux qui ne pensent qu'à l'aspect financier...
100 % du salaire ? Moi je signe tout de suite !
Dans un sens comme dans l'autre...
En France, un système identique coûterait 1,54 milliard d'euros aux contribuables...

Je ne sais pas si c'est par méconnaissance d'un système très différent…
GRAT… GRAT…
Ou par peur de mettre en jeu leur masculinité…
Je te rappelle que toi non plus tu n'étais pas très chaud à l'idée de t'occuper de Nora durant cinq mois.
Laisse aux Français le temps de se faire à cette idée…
Tu sais, aujourd'hui encore, en Norvège, ce sont souvent les femmes qui prennent le congé le plus long.

Je suis sûre qu'ils finiront par n'y voir que des avantages.
Ce qu'il faudrait c'est tout expliquer en détail aux gens qui lisent le blog...
Leur faire comprendre que le congé paternité permet de créer une relation privilégiée avec son enfant.
La Norvège – et c'est particulièrement vrai pour la municipalité d'Oslo – met tout en œuvre pour cela.
Ici, un jeune papa n'a pas le temps de s'ennuyer. Ce serait même le contraire...
DÉPART

[6] Protection maternelle et infantile.

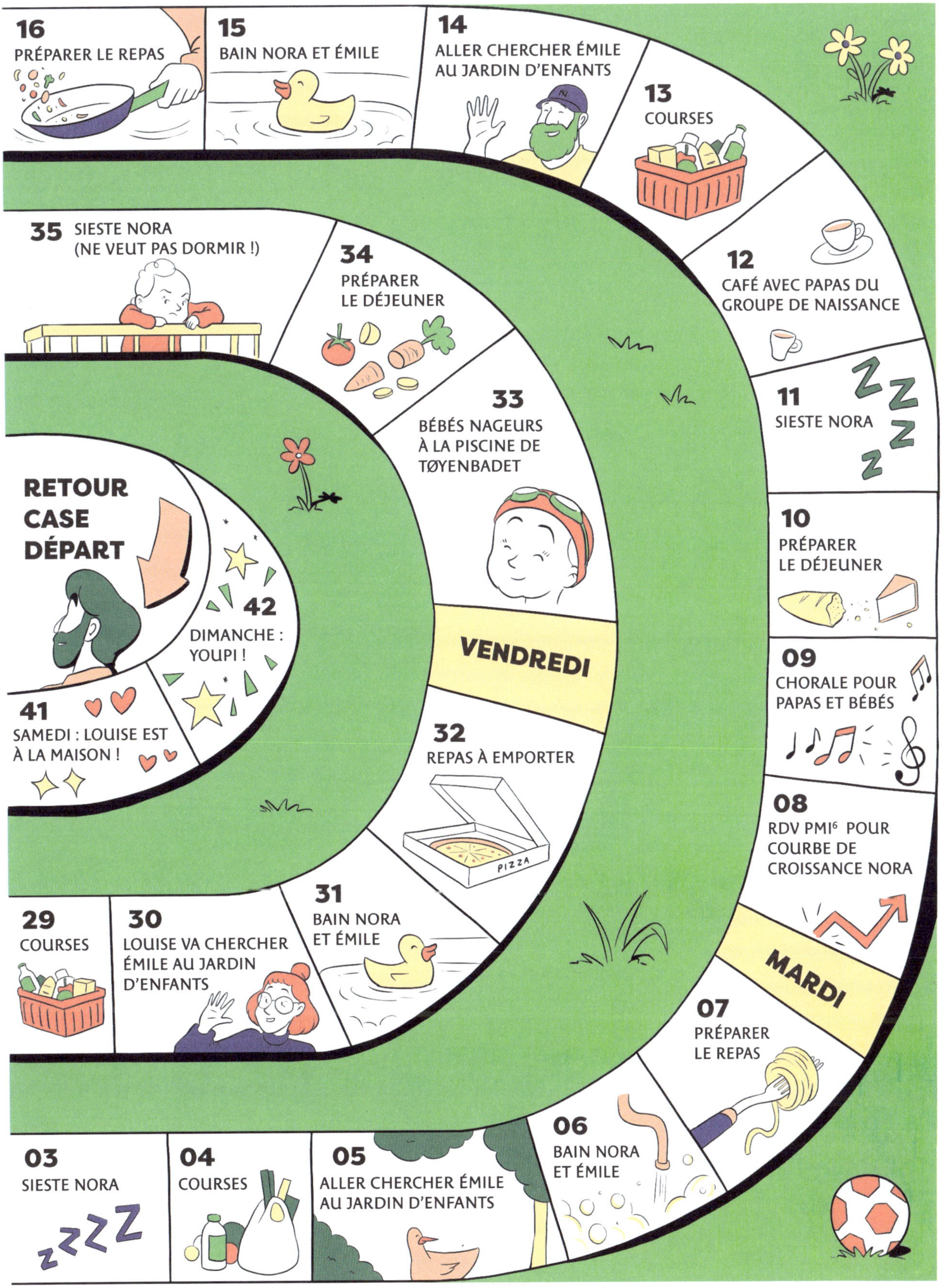
03
SIESTE NORA
04
COURSES
05
ALLER CHERCHER ÉMILE AU JARDIN D'ENFANTS
06
BAIN NORA ET ÉMILE
07
PRÉPARER LE REPAS
MARDI
08
RDV PMI[6] POUR COURBE DE CROISSANCE NORA
09
CHORALE POUR PAPAS ET BÉBÉS
10
PRÉPARER LE DÉJEUNER
11
SIESTE NORA
12
CAFÉ AVEC PAPAS DU GROUPE DE NAISSANCE
13
COURSES
14
ALLER CHERCHER ÉMILE AU JARDIN D'ENFANTS
15
BAIN NORA ET ÉMILE
16
PRÉPARER LE REPAS
29
COURSES
30
LOUISE VA CHERCHER ÉMILE AU JARDIN D'ENFANTS
31
BAIN NORA ET ÉMILE
32
REPAS À EMPORTER
PIZZA
VENDREDI
33
BÉBÉS NAGEURS À LA PISCINE DE TØYENBADET
34
PRÉPARER LE DÉJEUNER
35
SIESTE NORA (NE VEUT PAS DORMIR !)
41
SAMEDI : LOUISE EST À LA MAISON !
42
DIMANCHE : YOUPI !
RETOUR CASE DÉPART

Nouvelle semaine, même emploi du temps… C'est déjà l'heure d'aller chercher Émile au jardin d'enfants.
Allez, en route, Nora !
PRIDE
PRIDE

Salut Amel!
PAAAPAA!
ÉGALITÉ POUR TOUS!
PRIDE!
VIVE LA DIVERSITÉ
Il est joli ton drapeau.
Je l'ai fait tout seul!
C'est à l'occasion de l'Oslo Pride…
L'Oslo Pride?
Oui, toute la semaine, nous organisons des activités pour sensibiliser les enfants à la question de la diversité.
Par exemple, aujourd'hui, après avoir peint nos pancartes et confectionné nos drapeaux, nous avons défilé dans les rues du quartier.
C'était très festif! Nous avons reçu beaucoup de « bravo! » et d'encouragements de la majorité des habitants.
Bien sûr, on ne peut pas éviter quelques grincheux.
Justement, les enfants ne sont-ils pas encore un peu jeunes pour comprendre tout ça?
Il n'y a pas d'âge pour apprendre la tolérance.

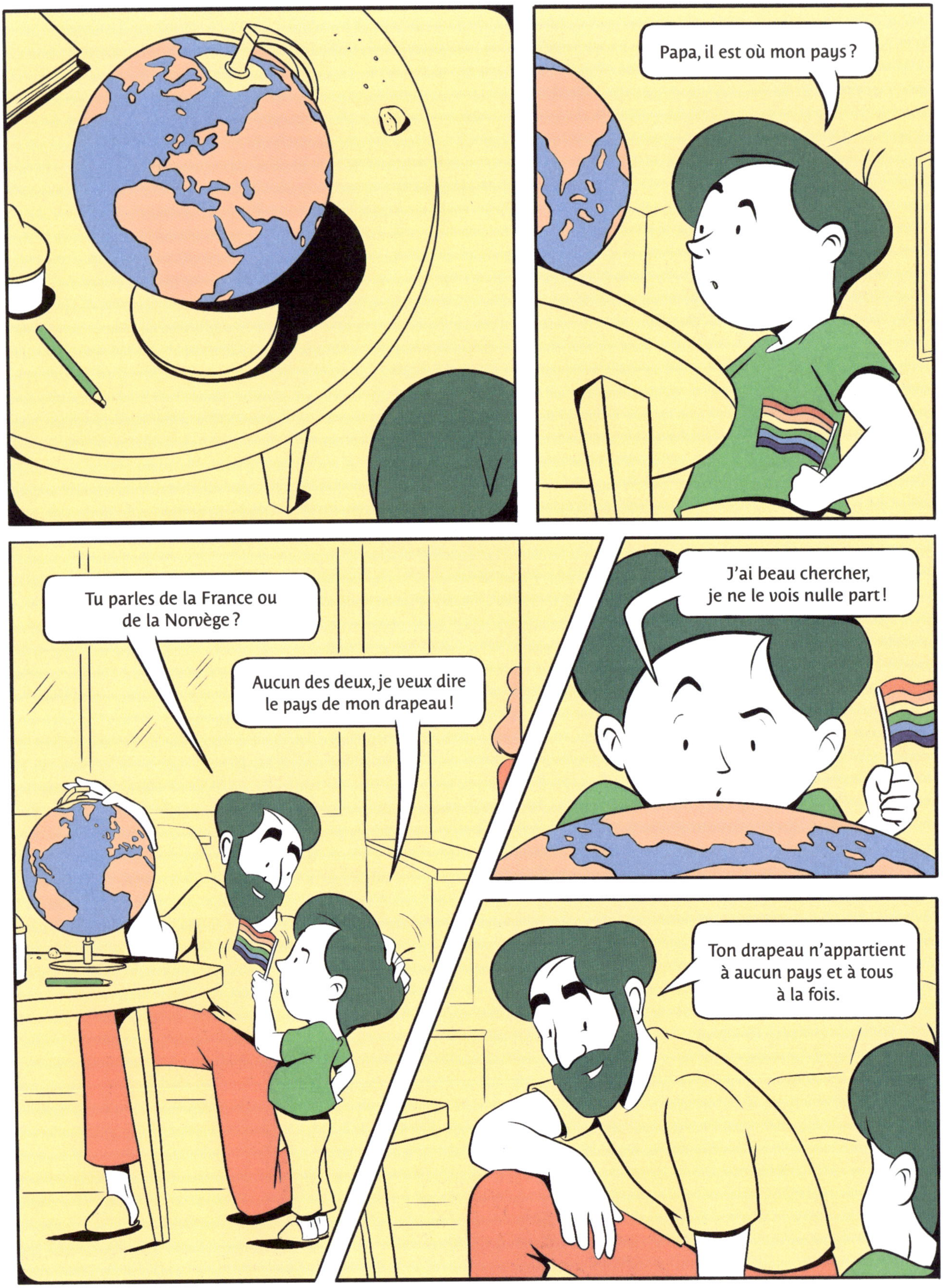
Papa, il est où mon pays ?
Tu parles de la France ou de la Norvège ?
Aucun des deux, je veux dire le pays de mon drapeau !
J'ai beau chercher, je ne le vois nulle part !
Ton drapeau n'appartient à aucun pays et à tous à la fois.

Je peux regarder la télé, papa ?
Demande à maman.
D'accord, mais juste un petit moment…
CLIC !
Je ne suis pas certain qu'il comprenne grand-chose à cette histoire de gay pride…

C'est comme Andreas, lui aussi il a deux papas.
Et Nils, deux mamans. On a vu leur photo en classe.
En classe ?
Oui, tu n'as pas remarqué en allant chercher Émile ? Amel a affiché des portraits des différentes familles. Il y a la nôtre aussi.
Sans forcément leur parler tout de suite d'hétérosexualité ou d'homosexualité, c'est important de montrer aux enfants qu'il n'existe pas qu'un seul schéma parental.
D'ailleurs, en Norvège, on dit la pride, pas la gay pride. C'est la fête de toutes les libertés, placée sous le signe de la joie et de l'acceptation de l'autre.

Je sors avec Nora. Je vais retrouver Alex, Fred et Adrien.
Les trois copains que tu as rencontrés sur Facebook ?
Oui, c'est amusant parce qu'avant, je ne fréquentais pas vraiment les gens de la communauté française d'Oslo...
Les Français qui vivent en Norvège
Salut, moi c'est Tristan, y-a-t-il des pères en congé qui voudraient sortir faire des activités avec les enfants ?
Est-ce que quelqu'un sait où l'on peut trouver du bon pain à Oslo ?
C'est super que tu aies trouvé ton groupe de naissance.
Tu sais, on a tous des enfants du même âge et je m'entends vraiment bien avec eux.

Alexandre vient de Chambéry. Comme moi, il est marié à une Norvégienne. Ils ont trois filles, mais il n'avait pas pris de congé paternité pour les deux premières.
Pour la première il n'avait pas encore assez cotisé, et pour la seconde, il renâclait à renoncer à son travail.
C'est seulement à l'arrivée d'Olivia qu'il s'est décidé à prendre quatre mois. Si on y pense, il a mis trois enfants à devenir norvégien.
Pour Adrien, c'est différent. Il est franco-norvégien et a toujours vécu à Oslo.
??
C'est son second congé parental. Un vrai pro, quoi.

Frédéric, c'est encore autre chose. Il est auto-entrepreneur et ne pouvait pas se permettre de s'arrêter quatre ou cinq mois.
Heureusement, le système norvégien est très souple. Il a opté pour six mois, mais à temps partiel.
Il consacre deux jours à sa fille et travaille le reste de la semaine.
DIIIING !
Ah ! C'est prêt !
Malgré tout, même ses jours de congé, il trimballe son ordi partout, au cas où il devrait joindre un client ou lui envoyer un contrat à signer.

Halles de Mathallen.
MATHALLEN
Je vais nous chercher quelques spécialités françaises à déguster ?
Bonne idée !
N'oublie pas le saucisson !
Et le fromage !
15 € le saucisson ?
15€
9 € le camembert ?
9€
Tant pis, on va se rabattre sur le jambon-beurre à 8 €...

Bon, les gars, on fait quoi aujourd'hui ?
Activités motrices, jogging poussette, visite de musée... ?
Et si, pour une fois, on allait plutôt boire une bière ?
Avec des bébés ? Ça ne fait pas très sérieux...
Je croise tout le temps des groupes de mères dans les pubs, pas vous ?
C'est ça l'égalité à la norvégienne !
J'ai une idée pour notre prochaine activité. Ma femme possède un chalet dans le fjord de Son...
ZZZ
Ça vous dirait une petite virée en pleine nature ?

Couches ?
Check !
Lait en poudre ?
Check !
Compotes ?
Check !
Lit parapluie ?
Check !
Fais voir cette liste… La vache, elle fait un kilomètre !
Elle ne serait pas un peu en stress, ta femme ?
Louise ? Pas du tout…
C'est plutôt moi qui flippe…
Le World
Quatre papas français finalement retrouvés après un mois égarés dans les bois

Adrien et Fred prennent une autre voiture ?
Oui, nous n'aurions pas pu loger tout ce petit monde dans un seul véhicule.
Il y en a pour long de route ?
Non, le chalet est à Akershus, à seulement 50 km au sud d'Oslo.
Frédéric et Adrien sont déjà arrivés.
Salut la compagnie !

Qui se laisse tenter par une petite baignade ?
Je n'ai pas emporté mon maillot.
Ne t'en fais pas, on ne regardera pas.
Vous êtes fous, elle doit être gelée !
Je vais rester ici pour surveiller les enfants.
Un pour tous !
Tous pour un !
C'est quand même super agréable…
C'est vrai, mais il ne faudra quand même pas trop traîner.
Tu as raison, ça va bientôt être l'heure de coucher les filles.

Aaaah...
Quel calme...
Quel silence...
Un vrai bonheur...
Aaaah...
C'est celle de qui ?
Qui va voir ?
OUUUIIINNN !!
Je m'y colle...
C'est ta fille, Alex.
OOOUUIIINNNN!
Bande de traîtres !

OOOOUUIIIINN!
On rentre quand déjà ?
Bientôt, j'espère.
Ça épuise, ces séjours
au grand air.

[7] Den Norske Turistforening : association norvégienne de randonnée pédestre.

Rien qu'en ce qui te concerne, on ne peut pas dire que ton parcours soit ordinaire...
Maintenant photographe à ton compte...
Oui, j'imagine que c'est assez inhabituel...
Conan
Plusieurs années à travailler sur des plateformes pétrolières...
Et papa à temps partiel !
ISO 400 250 F80

D'autres ont aussi eu à faire des choix difficiles. Tu connais Quentin ?
C'est un Angevin. Il est venu à Oslo pour bosser dans la restauration. Aujourd'hui, c'est son jour de repos.
Je viens juste d'ouvrir ma boulangerie…
Impossible de déléguer ou de fermer plusieurs mois pour prendre un congé. Je trouve du temps quand je peux pour le partager avec mon fils.
Certains subissent la pression de leur patron…
Il travaille pour un cabinet d'avocats qui a très bonne réputation. Son chef a proposé de doubler son salaire s'il renonçait à son congé paternité…

Il a refusé, mais sa décision a suscité quelques frictions...
Tristan !
Salut Markus. Comment vas-tu ? Cela faisait un moment...
Fred, voici Markus. Il travaille dans la même entreprise que moi.
Mais je constate que toi aussi tu as une bonne nouvelle à m'annoncer.
Je te présente Åse. Elle vient d'avoir 4 mois.
Avec mon mari, nous avons fait appel à une mère porteuse aux États-Unis.
FLOOOP!
Halvor est le père biologique. Pour lui, la reconnaissance de paternité s'est faite simplement...
Pour moi, le processus d'adoption a été un peu plus long. Heureusement, j'ai reçu beaucoup de soutien de l'ambassade de Norvège.
C'est une chance de vivre dans un pays qui offre les mêmes droits aux parents, quel que soit leur genre ou leur orientation sexuelle.

[8] Gestation par autrui.

Piscine de Tøyenbadet, Oslo.
Je sais bien qu'on est déjà en mai...
30°
Mais il fait quand même sacrément chaud.
Allez Nora, c'est l'heure de faire trempette.
Hé ! Tristan !
Tiens, Mikkel !
Tu viens également pour les cours de bébés nageurs ?
Oui, nous en avons déjà pris quelques-uns avec Nora, mais ce n'est pas encore vraiment concluant.

Le secret c'est d'y aller progressivement.
Regarde, d'abord tu souffles sur son visage…
Puis, quelques gouttes d'eau sur son front… Le bébé ferme les yeux…
Et hop !
BLOB! BLOB!
ATCHAAA!
OUAHAOOIIIINN!

Enfin, c'est l'idée générale…
Je te laisse deux minutes, je dois aller changer Nora.

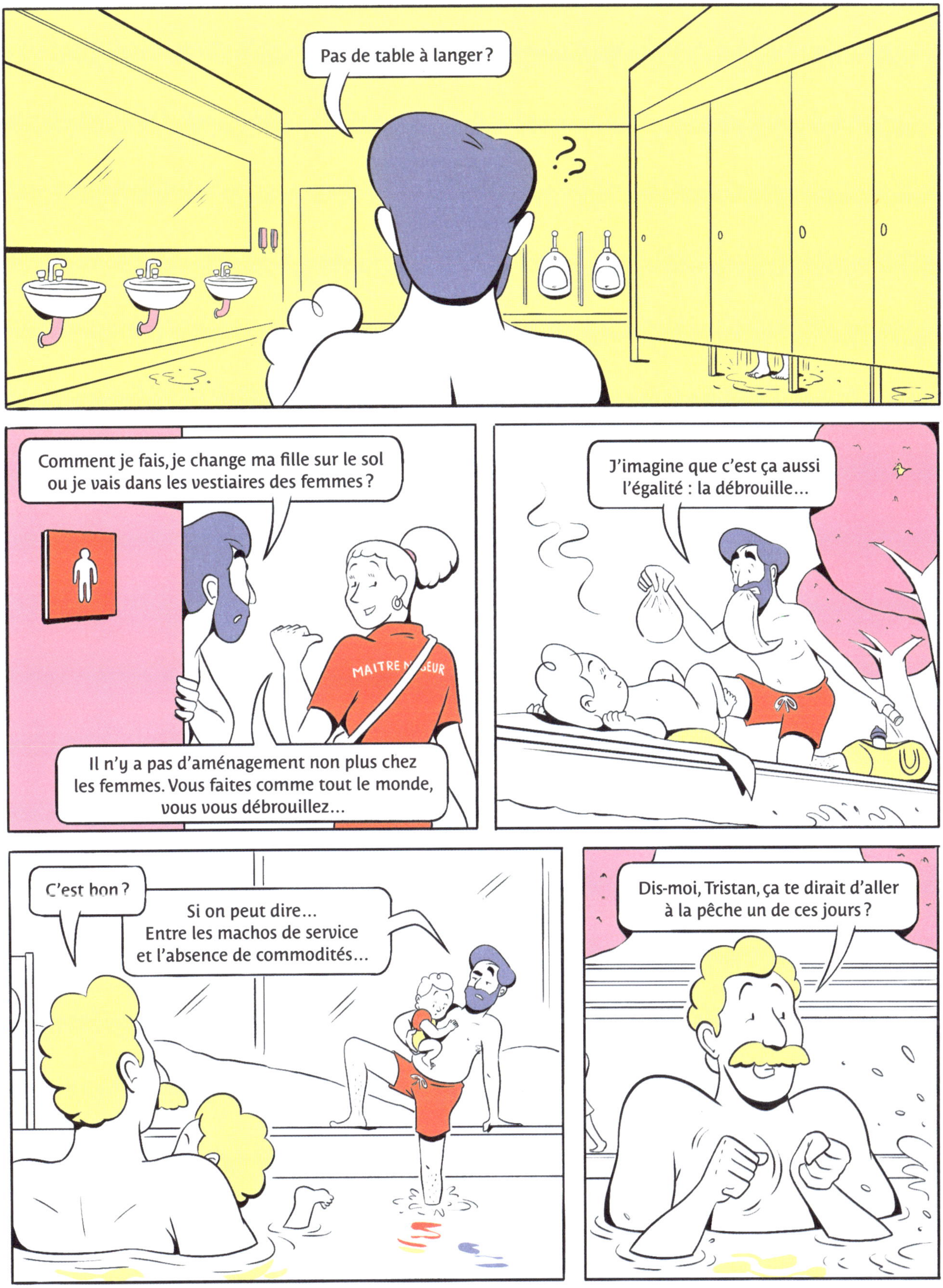
Pas de table à langer ?
Comment je fais, je change ma fille sur le sol ou je vais dans les vestiaires des femmes ?
MAITRE
Il n'y a pas d'aménagement non plus chez les femmes. Vous faites comme tout le monde, vous vous débrouillez...
J'imagine que c'est ça aussi l'égalité : la débrouille...
C'est bon ?
Si on peut dire... Entre les machos de service et l'absence de commodités...
Dis-moi, Tristan, ça te dirait d'aller à la pêche un de ces jours ?

Avec les enfants ?
FLOOOC!
Bien sûr, j'y vais très souvent.
Les bébés nageurs, je reconnais, je patauge un peu. Mais la pêche, je m'y connais !
Je n'ai jamais essayé. Pourquoi pas.
Super ! Je t'appelle bientôt pour fixer une date.
En plus, avec ce beau temps...

Quel sale temps !
Presqu'île de Nesodden.
Tu ne vas pas pleurer pour un peu de bruine. Les températures sont agréables, le vent est doux…
Les conditions sont idéales !
Tu sais, je n'ai jamais pêché. Et puis, avec un porte-bébé, ce n'est pas un peu dangereux ?
Je pratique cette activité depuis mes 5 ans, et je suis toujours là. De quoi as-tu peur, petit Parisien ?
Louise nous voyait déjà finir comme dans un polar de Stieg Larsson .
Eh bien… Ma femme n'était pas super emballée par l'idée…
Tu as perdu la tête ? Fais attention à ma fille !

En plus, je ne sais pas du tout comment m'y prendre.
Regarde, tu places l'appât à l'extrémité de l'hameçon…
Tu ne vas pas m'obliger à embrocher des vers vivants, si ?
Mais non, c'est un leurre. Un objet en métal brillant qui imite à la perfection l'apparence d'un petit poisson.
Ensuite, il suffit de lancer la ligne à quarante mètres, d'un mouvement souple du poignet.
Quarante mètres ?! Tu m'avais dit qu'on allait pêcher, pas faire du saut en longueur.

Allez, à ton tour!
Je ne promets rien...
Dans les vingt mètres! Pas mal pour un débutant!
Hé! Qu'est-ce que...?
ZZZZZZZZ!!
Mikkel! Ça mord! Je fais quoi?
Canne à la verticale! Tire vers toi! Mouline pour le ramener!
Doucement... Doucement...

Bravo, quel beau cabillaud !
Il doit peser au moins un kilo !
En tout cas, ta fille a l'air contente.
Je dirai qu'il en fait deux à Louise. Elle qui se moquait.
C'est sa première prise à elle aussi...
Un vrai travail d'équipe !
Et toi, tu ne vas pas repartir bredouille quand même ?
Regardez-le ce frimeur ! Tu vas voir un peu !
SPLASSSH

Ha ! Ha ! Ta prise, c'est uniquement la chance du débutant !
Admire un peu ce que je ram...
Il est minuscule ton poisson...
Oui, trop petit...
Autant le remettre à l'eau.

Quand je pense que je vais devoir replonger dans le boulot...
Allons, tu savais bien que ça finirait par arriver.
Ouais... Ouais...
Louise, je crois que j'ai le 'paternity blues'.
Ce n'est pas si terrible de retourner au travail. Je l'ai bien fait, moi.
Et puis, Emily est formidable avec Nora. Elle est l'aînée d'une grande famille, a suivi une formation de sage-femme... Que veux-tu de mieux comme nounou ?

Tu as beaucoup changé durant cette période. Nora t'a changé...
Il y a ce blog que tu as créé...
Tu y démontres que, quel que soit le sexe ou le genre, lorsqu'on a un enfant, la vie personnelle n'a pas à céder le pas à l'ambition professionnelle...
Qu'il est possible de concilier les deux. Tu peux... Non...
Barbe à papa
La paternité en Norvège
Tu DOIS faire bouger les choses !
Barbe à papa
La paternité en Norvège
Barbapapa célèbre 10.000 visites!
TOP 10 des commentaires et e-mails recus.

Bureau de la directrice de département du NHO, spécialiste des questions d'égalité.
Te rapprocher de ceux qui peuvent t'apporter des informations…
Merci beaucoup de me recevoir madame Jullum Hagen.
De rien, en Norvège, il n'y a pas que les employés qui militent pour davantage d'égalité.
Les patrons et les politiques sont également très investis sur la question.
Il est important de ne pas faire reposer tout le congé parental sur les femmes. Cela garantit de ne pas les éloigner du marché du travail.
Des arguments solides, des chiffres précis…
Je pourrais interviewer Hélène Périvier, l'économiste spécialiste des inégalités professionnelles.
Même dans les pays du Nord, les femmes assument souvent la plus grande part du congé parental. Ce qu'il faudrait c'est un changement des mentalités afin que les hommes s'impliquent durablement dans l'ensemble des tâches domestiques et familiales.
Trouver des soutiens…
Madame l'ambassadrice…

Des alliés !
@papatriarcat
@vieuxmachinbidule
@lepaternel
@histoiresdepapas
Podcast
Histoires de Darons
@papa.plume
@samuelclt
PARENTS & FEMINISTES
Le PA.F

Tu finiras par attirer l'attention, Tristan…
france•2
Tu as vu ce blog ? Ça pourrait faire un sujet sympa, avec cette proposition que porte en ce moment le Parlement européen d'instaurer un congé parental obligatoire en Europe.
Ce sera l'occasion de mettre la question sous les projecteurs…
arte
De faire entendre ta voix.
Et pourquoi pas…
De raconter l'aventure que tu as vécue ?

Barbe à papa
La paternité en Norvège
Chers lecteurs, chères lectrices,
Meilleurs voeux pour la nouvelle année! Bonheur, réussite, amour et des longs congés parentaux.
J'ai peut être besoin de vous pour ma résolution : tenter l'aventure de l'édition.
Suite à vos encouragements, l'intérêt suscité par le blog et ayant envie de continuer mon engagement, je souhaite partager mon expérience norvégienne sur un format papier
Les éditions Marabout ? Oui, bien sûr, je serais ravi de discuter de mon projet de livre.
Tristan CHAMPION
LA BARBE ET LE BIBERON
maman
papa
Il a passé 5 mois de congé paternité SEUL avec bébé.
Le récit drôle et touchant d'un père devenu engagé.
MARABOUT

Tu es sûre que cela fait assez habillé ? Tu comprends…
… ce n'est pas tous les jours qu'on est reçu par un ministre.
OSLO
PARIS
Secrétariat d'État chargé de la protection de l'enfance.
Monsieur Taquet va bientôt vous recevoir.
Désolé de vous avoir fait attendre… Une urgence…
BZZZZZ

Si je voulais vous rencontrer, c'est pour vous parler du congé paternité...
Excusez-moi un instant.
BZZZZ
Cela changerait la société en profondeur et permettrait une meilleure répartition budgétaire, car les dépenses en crèche seraient réduites.
Vous savez ce que c'est... Le travail...
Comme je le disais, il ne faut pas seulement allonger le congé paternité en France, il faut également le placer à la suite du congé maternité...
Oui, la période qui va du début de la grossesse jusqu'aux 2 ans est reconnue comme déterminante pour la santé physique et psychologique de l'enfant...
Je suis moi-même un admirateur du modèle scandinave et je souhaite bâtir un parcours pour les 1 000 premiers jours de l'enfant.
Je peux vous assurer que le gouvernement est sur le coup et que les changements sont pour bientôt...

Ce serait formidable, mais en France, on a l'impression que tout va trop lentement.
Il n'y pas que les pays du Nord, le Portugal et l'Espagne ont déjà commencé à légiférer.
Je sais qu'il y a une énorme attente, mais je pense qu'il faut travailler en deux temps…
D'abord un allongement du congé paternité sur le court terme, puis une réforme plus globale des congés parentaux et de la petite enfance.
BZZZ
BZZZ
Par « court terme », vous voulez dire cette année ?
Ou l'année d'après…
Pardon, je dois prendre cet appel.
BLAH! BLAH! BLAH!
???
Merci de m'avoir reçu.
C'était très intéressant. Il y a encore du chemin à parcourir, mais je vous assure qu'on y travaille.
BLAH! BLAH! BLAH!
Je dois y aller. Moi aussi j'ai un emploi du temps de ministre !

LA MAISON des MATERNELLES
Le système français...
LA BARBE ET LE BIBERON
TRISTAN CHAMPION : auteur du livre *La Barbe et le Biberon*
Europe 1
Il ne permet pas forcément au père de s'impliquer comme il le veut dans l'éducation de son enfant...
TRISTAN CHAMPION
Créateur du blog Barbe à papa
france•info
Ce qui a vraiment changé pour moi avec l'expérience norvégienne, c'est comment j'ai gagné en confiance...
Tristan Champion a bénéficié d'un long congé paternité
FRAICHES
Ce n'est pas pareil de faire une balade en poussette en famille le week-end...
Femme Actuelle
Et de s'occuper de son bébé, chaque heure de chaque jour, et ça durant cinq mois...
•LIVE
france•2
Cela crée des liens bien plus forts... Des liens indéfectibles.

Des nouvelles ?
Non, pas encore…
Alors ?
Toujours pas…
Et…?
Rien…
D'ailleurs, ça a assez duré !
Les gars, on nous fait mariner depuis plusieurs mois. C'est peut-être le moment d'agir, non ?
TC

HUFFPOST

Pour la fête des pères, et si l'on s'engageait pour l'allongement du congé paternité?

21 juin, 2020

En tant que pères, nous pensons que nous avons un grand rôle à jouer. Nous constatons avec regret que la revendication d'un congé prolongé des hommes est bien souvent portée par les femmes. Plus actives, plus militantes, elles sont au premier rang de la mobilisation. Ne devrions-nous pas nous aussi nous exprimer davantage ?

Le 21 juin, c'est notre fête ! L'occasion pour nous de prendre la parole de manière positive, sincère, concertée et libérée sur l'allongement du congé paternité. Nous sommes plusieurs pères à co-écrire cette tribune. Notre engagement est né de nos expériences personnelles à la naissance de nos enfants. Certains d'entre nous ont pris un long congé parental, d'autres ont été frustrés par un congé paternité trop court. Certains ont quitté leur travail pour s'occuper de leurs enfants et d'autres ont bénéficié d'un système de congé paternité plus long dans d'autres pays.

Cela fait quelques années que nous essayons, avec beaucoup d'autres parents, de faire bouger la France. Nous sommes heureux d'observer un élan national favorable. Mais nous vivons aussi notre engagement avec le sentiment d'une contradiction. Malgré la succession de rapports officiels, aucune réforme ne figure à l'agenda de l'État.

Avec l'évolution favorable de la loi dans les autres pays européens, il est important de rappeler que la France fait figure d'exception et de mauvaise élève. Notre congé paternité est particulièrement court (11 jours consécutifs). Quant à notre congé parental peu rémunéré (396 euros/mois), il est un échec national puisque seulement 4 % des pères le prennent.

En France, où est la volonté politique ?

Pour faire face à la défaillance de l'État, certaines entreprises françaises mettent en place une politique inclusive en déployant des congés parentaux plus égalitaires. Un « Parental Act » offrant un mois de congé au deuxième parent 100 % rémunéré a été adopté par 328 entreprises. D'autres initiatives de petites et grandes entreprises françaises vont dans ce même sens.

Toutes ces décisions sont évidemment positives mais engendrent des inégalités. Plus de 60 % des 18 à 34 ans souhaitent un allongement du congé paternité.

Il nous semble important d'agir maintenant et de donner à la nouvelle génération de pères le changement qu'elle désire. L'allongement du congé paternité est le juste reflet de l'évolution de la société. Il est citoyen avant d'être politique. Il ramène de l'égalité au sein du foyer. Il fédère plus qu'il ne divise. La paternité est l'affaire de tous. Soyons aujourd'hui des pères responsables et assumons nos devoirs pour ceux de demain.

Pour que chaque père puisse avoir le choix d'un congé paternité plus long ; pour que chaque mère ne soit pas seule le mois qui suit la naissance ; pour que l'égalité femme-homme soit aussi un sujet d'homme.

#1moisminimum

BFM TV.
CONGÉ PATERNITÉ
MarleneSchiappa
@MarleneSchiappa
Le @gouvernementFR a écouté les demandes de la société civile, des parlementaires @LaREM_AN
Les modalités du congé paternité seront expertisées par l'IGAS avant que nous puissions collectivement prendre une orientation efficace, en phase avec les besoins des pères/des familles.
20 minutes
Fête des pères : Une tribune de papas pour passer le congé paternité à trente jours au lieu de onze
12:57
marie claire
Un mois minimum de congé paternité : lettre à tous les pères de France par 10 pères engagés
Capital
Marlène Schiappa propose une refonte des congés familiaux
???

BZZZZ
BZZZ
BZZZZ
Adrien TAQUET
Excuse-moi, Louise, je dois prendre cet appel…
Allo ? Monsieur le ministre ?
Eh bien, monsieur Champion, on peut dire que votre tribune a fait grand bruit.
Alors ?
BIP!
Le gouvernement a décidé de doubler la durée du congé paternité. Il passe de 14 à 28 jours.
Tu as réussi !
« Nous » avons réussi ! Rien n'aurait été possible sans toi. Si tu ne m'avais pas poussé à militer…
Et puis…
C'est juste un premier pas.

Mmh… Mmh…
Je vous remercie. Je vais y réfléchir.
C'était le travail ?
Oui.
Mon entreprise me propose un poste de responsable marketing international…
Mais c'est génial !
… à Lausanne.
En Suisse ?

La mission dure trois ans et j'aurais une équipe de dix personnes sous ma responsabilité.
C'est une formidable opportunité...
Mais... Et mon travail ? Notre vie ici ?
Je sais... C'est te demander beaucoup.
Si cela peut faire pencher la balance, le poste vient avec de nombreux avantages...
Appartement gratuit mis à disposition, frais de scolarité offerts pour les enfants, aide financière pour le conjoint... Sans oublier une généreuse augmentation.
Qu'est-ce que tu en penses ?
C'est oui, alors ? On part pour la Suisse ?
Tu as de la chance, j'adore le chocolat.

[10] Il a depuis été adopté pour une durée de deux semaines.

Merci à Sophie d'avoir proposé et dirigé avec brio la réalisation
de cette bande dessinée.

Merci à Jack et Stéphane d'avoir relevé le défi d'adapter
La Barbe et le Biberon avec tant de conviction, de sensibilité, de talent.

Merci aux militants qui partout en France œuvrent pour une réforme
des congés parentaux.

Merci à Louise et à nos enfants, Ella, Nora et Émile, de laisser échapper
un peu de notre intimité familiale.

Tristan Champion

Merci à Sophie de m'avoir proposé ce beau projet.

Merci à Tristan et à Jack, mes guides et compagnons de voyage
en terre norvégienne.

Et enfin, merci à mes fils d'avoir fait de moi le père que je suis.

Stéphane Tamaillon

Merci à ma famille. Mon père, qui m'a transmis son amour
pour le dessin. Mon frère, un artiste inspirant dans son domaine.
Ma mère, un soutien infaillible depuis toujours.

Jack

MARABOUT
s'engage pour l'environnement en réduisant l'empreinte carbone de ses livres.
Celle de cet exemplaire est de :
1,5 kg éq. CO_2
Rendez-vous sur www.marabout-durable.fr

PAPIER À BASE DE FIBRES CERTIFIÉES

Imprimé en Espagne par Graficas Estella
pour le compte des éditions Marabout
Hachette Livre, 58 Jean Bleuzen, CS 70007, 92178 Vanves Cedex
CONTACT@marabout.com

Dépôt légal : janvier 2025
ISBN : 978-2-501-18290-4 / 01

36 2679 4